Como Ganar
Los pasos financieros más importantes de su vida

Por Brigham Iraheta

A mi Familia:
Mi motivación más grande
en este mundo y la razón por
la cual hago todo lo que hago.

Pocas organizaciones son tan determinadas en educar y ayudar a la comunidad hispana en asuntos financieros como Estrategias Financieras. Nadie ofrece más educación gratis que nosotros y este libro es otra prueba más de la meta que tenemos de hacer una diferencia en la comunidad latina.

Para más información y herramientas gratis que le pueden ayudar en su jornada a la independencia financiera - tales como 5 Maneras de Multiplicar su Dinero Mientras Duerme y mucho mas, visítenos en www.estrategiasfinancieras.com.

Le invitamos a que comparta este libro con cualquier persona en quien usted se interese. Este libro no tiene precio monetario y no se permite su reventa, es un regalo de nosotros para usted.

Escribanos a comoganar@estrategiasfinancieras.com con comentarios.

Índice

Introducción - Importante

La razón por la cual este manual existe, es por que muchas personas están buscando esa estrategia que les ayudara a lograr el éxito financiero, o un plan que les ayudará a retirarse (solo 4% de las personas en los Estados Unidos se retiran financieramente independientes). El problema es que a veces es difícil reconocer el mejor lugar donde empezar. Este manual es la solución a ese problema. Muchas veces tenemos prisa y nuestras emociones nos ganan, no nos enfocamos en lo que debemos.

Estas lecciones se encargaran de sacarle de las dudas y le enseñarán exactamente donde poner sus energías y esfuerzos. Le daremos una guía a seguir para que usted no solo sepa que hacer, si no para que también construya la confianza que necesita para hacerlo.

Recuerde que el tonto y su dinero se separan rápido y fácilmente, esto es cierto, por lo tanto nos encargaremos de que usted no sea uno de estos. Desde la primera lección – la cual es la base – hasta el último capitulo nosotros estaremos enseñándole a no cometer los errores que los tontos cometen y que terminan costándoles su futuro.

Este no es otra historia de cómo usted puede ser rico(a) en solo unos días o meses, como las historias que encuentra en la Internet. Es mas, nosotros siempre aconsejamos que se cuide de tales promesas y que las investigue antes de darle consideración alguna.

Este es un sistema, una estrategia real que usted puede utilizar para empezar a construir su futuro y la independencia financiera que tanto anhela.

Si usted no esta seguro que será uno(a) de los privilegiados que se vuelven ricos de la noche a la mañana porque tienen la idea correcta, con los recursos correctos y en el tiempo correcto, esta libro es para usted.

Usted esta a punto de empezar a construir su libertad financiera, como se imagina esta será una constricción grande y necesitara soporte suficiente. Por esta razón le llamo a estos principios "Pilares del Éxito Financiero".

Estos pilares van en un orden específico por una buena razón: Este es el orden adecuado de la construcción, usted no puede empezar con las paredes si no tiene una buena fundación, bueno talvez lo haga así, pero a mí no me gustaría vivir en esa casa.

Los pilares que estoy apunto de compartir con son reales y están hechos de principios reales. Es lo que cualquier persona que ha logrado el éxito por si mismo ha hecho y sigue haciendo. Estos pasos son fáciles de entender y cualquiera puede aplicarlos. Estos son pasos a riquezas seguras, cada uno es la base del paso que le sigue.

Administración e Incrementos de ingresos.
(De la forma correcta)

Aprenda a administrar sus ingresos (correctamente).

Aunque usted no lo crea, esta es probablemente la habilidad mas importante que usted puede aprender en lo que a finanzas se trata. Usted puede adquirir todo el conocimiento que quiera acerca de inversiones, hipotecas, impuestos, etc., pero si no puede manejar sus ingresos, nunca tendrá nada para aplicar ese conocimiento.

Esta habilidad le sirve no solo en sus finanzas personales si no también el día que empiece su propio negocio, ya que si usted no sabe cómo manejar ingresos, su negocio no sobrevivirá. Esta es una buena motivación para aprender a controlar sus ingresos, el hecho de saber que si no lo aprende, nunca podrá independizarse financieramente.

Si usted no sabe dirigir sus ingresos, usted no podrá ahorrar y nunca tendrá una reserva que le permita ser más libre en lo que hace con su vida.

La administración de ingresos está directamente ligada con el flujo de su dinero, ya que es la administración la que se encarga de dirigir hacia donde fluye y cuanto le queda después que ha pasado por sus manos.

Esta es la meta – no a cuanto hace, sino a cuanto entra sin salir, por eso se llaman ingresos si no se llamarían transitorios o algo así, ¿no cree?

¡Si! La administración correcta de su dinero es sumamente importante en sus planes de libertad financiera. Esta es una de las razones por la cual "El Rastreador" fue el primero de los productos que yo estoy creando para EstrategiasFinancieras.com, porque entiendo esta importancia, queríamos proveer a la comunidad con una manera fácil, efectiva y sin altos costos de lograr esta tarea. De verdad creo que no hay una mejor forma de administrar su dinero.

Hay dos formas de controlar su dinero, una buena y una mala. Una efectiva y la otra buena para nada. ¿Cómo puede saber cual esta usando? ¡Fácil! Con una sola pregunta: ¿Sabe exactamente a donde se fue cada centavo de su dinero el mes pasado? Si su respuesta es "Si", o "No pero en menos de 3 minutos tengo la respuesta" usted lo esta haciendo de la manera efectiva. Si su respuesta es simplemente "No", tiene que cambiar algo para arreglar ese problema, porque esto sí es un problema.

Todos tenemos ciertos hábitos financieros, no solo los gastos que hacemos, si no nuestra actitud hacia esos gastos. Muchas veces nuestra falta de hábitos es un hábito en si. Tenemos la costumbre de ignorar ciertos gastos, o darles menos importancia, ignorando el factor acumulativo de estos. Todo es un hábito, lo que hace y lo que no hace.

Es aquí donde se debe empezar, hay que reconocer nuestros hábitos - los buenos y los malos - cambiar los malos y mejorar los otros. El problema es que muchos de los malos son cosas que hacemos sin pensar, a veces son vicios que tenemos que alimentar (estos no se limitan a cosas malas, hay cosas inocentes que nos pueden hacernos malgastar mucho dinero cada mes, simples pasatiempos por ejemplo), y muchos otras cosas que nos quitan parte de nuestros ingresos, la parte que podríamos estar usando para invertir en nuestro futuro o ahorrar para abrir nuestro negocio.

Si no aprendemos a controlar nuestros ingresos nunca podremos tener libertad financiera.

Usted debe tener una forma de cuantificar sus gastos, ver a donde están las fugas, que tan cerca están y que tan grandes son. La administración de ingresos se trata de saber exactamente lo que sucedió con su dinero y de cómo dirigirlo de acuerdo a sus necesidades. Recuerde, o controla o le controlan, alguien o algo siempre está al mando. Si no es usted es su dinero.

Aun cuando economizamos lo más que podemos siempre hay espacio para mejorar un poco, lograr encontrar $50 extra para añadir a su plan de retiro, o para pagar sus deudas un poco más rápido.

Añada Años a Su Vida

¿Si usted pudiera añadir 5 años a su vida, cuanto pagaría por ellos? ¿Si pudiera pagarlos, lo haría? Si usted empieza a aplicar dinero extra a todas sus deudas, usted puede salir de ellas en 3, 4 o 5 años temprano, talvez más, y vivir libre de deudas es una vida completamente diferente. En verdad es como añadir años a su vida. Encuentre consejos y ayuda para salir de deudas en: http://mipotencialfinanciero.blogspot.com.

Si esto puede ser posible con solo unos cuantos dólares extra al mes, ahora imagínese que sucedería si usted decidiera tomar este plan y explotarlo, sacarle todo lo que puede. Usted podría cortar aun más años de sus deudas.

La razón por la cual me refiero a esta analogía como "añadir años a su vida", se encuentra en esta pregunta: ¿Cómo se sentirá usted cuando ya no le deba nada a nadie? No tarjetas de crédito que pagar, no carros que pagar y su hipoteca este saldada finalmente.

Permítame tomar la libertad de decirle como se sentiría: Como una persona nueva, y ahora, capaz de vivir la vida. Y es allí donde se encuentra a lo que me refiero, ahora usted puede empezar a vivir sin preocupaciones (bueno casi sin preocupaciones), ahora puede empezar a gozar la vida de verdad.

Así que si usted pensaba retirarse a los 65 años de edad, pero por que salió de deudas 5 años temprano, se puede retirar a los 60, usted ha creado 5 años que antes no tenia, 5 años en los cuales usted hubiera tenido que ir a trabajar cada día, por 8 horas, por 208 semanas de cada año, pero ahora en lugar de eso puede retirarse. Conste que al usar la palabra retirarse me refiero a no tener necesidad de trabajar, no solo a cobrar la pensión e irse a trabajar a Wal-mart.

Así que empiece a añadir años a su vida hoy. Es más fácil de lo que cree.

El Poder de Seguir este Paso

Uno de nuestros lectores se sintió motivado a cambiar su vida financiera después de leer uno de nuestros artículos. El tomó la decisión de aprender a invertir, pero no esperó a terminar su educación antes de empezar a hacer cambios.

Mientras el estudiaba el tema de inversiones, el comenzó a usar **EL Rastreador** para lograr descifrar sus hábitos financieros y encontrar esas fugas de dinero. Después de solo dos semanas el logro ver el potencial que existía en sus ingresos si el tan solo cambiara dos de sus hábitos diarios: comer afuera y refrescos.

El hizo los ajustes necesarios, y siguió usando el Rastreador. Para su sorpresa, el descubrió que todavía existía la posibilidad de hacer un cambio mínimo mas que le daría unos cuantos dólares extra al mes, aunque no era mucho, el quería exprimir cada dólar que le fuera posible. El tenia una meta y estaba decidido a alcanzarla lo mas pronto posible, a darle todo lo que el tenía.

Después de dos meses, el sabia lo que tenia que hacer para ahorrar $165 cada mes. Si, no es una cantidad enorme, pero dígame: ¿Usted invierte o ahorra $165 mensuales? ¿Qué tal

$150? ¿$100? ¿$50? Aunque no es mucho, pero el lo esta haciendo presentemente, y mientras termina su educación este dinero le esta ganando intereses modestos. No es mucho, pero probablemente es más de lo que 90% de las personas ahorran y ganan.

El ha establecido un sistema de retiro automático que traslada $62.50 cada dos semanas, de su cuenta de cheques a otra cuenta con un banco de Internet que le ofrece intereses altos en su cuenta de ahorro. De esta manera el ahorra este dinero sin pensarlo, sin depender de que el se acuerde de hacer el traslado, o de tener tiempo de ir al banco, este método es automático y es constante. En menos de un año, el podría tener casi $2000 para empezar a invertir.

Hoy en día el sigue usando el Rastreador financiero para ver si hay mas dinero que el podría estar usando de una manera mas efectiva. También lo usa para asegurarse de que no haya fugas en sus tuberías financieras.

¿Por qué se toma todo este trabajo de seguir escamando sus ingresos después de haber tenido tanto éxito? Por que el reconoce el valor de cada dólar que no se malgaste y el poder de cada dólar que se use efectivamente.

No solo esto, pero una vez usted empieza a controlar su dinero, se convierte en una adicción, casi una obsesión. Trátelo usted mismo, vera que después de unas semanas, usted no podrá parar de hacerlo. Y es que se siente estupendo el tener las riendas del dinero, en lugar de que sea al revés, como la mayoría de las personas a quienes el dinero les controla.

Otra ventaja de aprender a controlar su dinero, es que usted aprenderá a distinguir sentimientos anti-progreso. ¿Cuáles son estos? Gratificación instantánea, vanidad, y muchos otros. Estos son los sentimientos que tratan de hacerle desperdiciar su dinero en cosas tontas. Estos son los sentimientos que le impiden progresar.

Un Hecho Indiscutible

Cuando usted controla su dinero, usted desarrolla un instinto que le dice: "Ese solo es un gusto, no vale la pena", y aprende a pensar en todo como una inversión o un malgasto, una necesidad o un gusto. Por lo menos por el momento. Cuando usted tenga todo el dinero acumulado que quiere, usted puede comprar esos gustos por los cuales ha trabajado tan duro, pero por ahora, no deje que estos gustos le quiten el poder de alcanzar sus metas.

Algo más, todas las personas que han usado algún sistema de rastreo pueden reafirmar esto: Cuando usted logra el control total sobre su dinero, y sabe cuanto gasta, y cuanto tiene, y en que gasta; usted desarrolla un sentimiento de poder, confianza y de autoestima. En realidad, el control de sus finanzas puede ser adictivo y muy bueno para su ego.

La diferencia entre aquellos que no tienen y aquellos a los que le sobra, es que aquellos a los que le sobra saben que hacer con lo que tienen. Cuando usted logre este control total sobre su dinero, usted logrará desarrollar la mente empresaria: Cada dólar ganado o ahorrado debe ser usado de la manera más sabia que sea posible. Usted no puede hacer esto si no sabe como administrar su dinero.

Invierta en usted mismo, si usted quiere comprar un súper programa de control de dinero para su computadora con todos los trucos de la industria (y si tiene el dinero), ¡Cómprelo! Si quiere comprar algo sencillo pero que funcione, ¡Cómprelo! No importa lo que sea, lo que importa es que tome acción. Nuestro lector que usó el Rastreador tomó acción – aunque fuera pequeña – y ahora esta en rumbo a muchas cosas emocionantes. Toda jornada empieza con un solo paso, empiece su jornada y de su primer paso lo más pronto posible.

La administración de su dinero será la base de todos sus planes y estrategias financieras. Así que el invertir en un sistema que le ayude a lograr esto es sumamente importante. Estos le pueden ahorrar dolores de cabeza, tiempo y muy a menudo cuotas de bancos tales como cuotas por cheques sin fondos, cargos de sobregiro, cargos por pagos tardíos, etc.

Frecuentemente tales sistemas terminan pagando por si mismos con solo ayudarle a evitar uno o dos de estos cargos, ya que algunos son de precio muy bajo.

La verdad es que el usar sistemas como estos para controlar su dinero, es una manera muy efectiva de lograr esta meta y recuerde: Si no sabe controlar un poco de dinero, ¿Qué le hace pensar que podrá controlar una cantidad grande?

Además, sin la administración correcta de su dinero, le será prácticamente imposible lograr acumular riquezas, ya que se le escaparán antes de que pueda saber que hacer con ellas. En nuestra vida, mucho dinero pasa por nuestras manos, es mas si usted gana por lo menos US$22,500 anuales y trabaja 45 años, usted ganará más de $1,000,000 durante su vida, pero la falta de disciplina, conocimiento y entrenamiento en su administración causa que este dinero se vaya sin dejar rastros ni huellas de que alguna vez paso por nuestro camino.

**Páguese usted mismo
primero.**

Aprenda a Ahorrar

El poder de ahorrar es un poder que sigue siendo sobrestimado. Pareciera que la mentalidad hoy en día es: Vive y disfruta porque nadie sabe si estarás vivo mañana.

No solo es esta mentalidad terriblemente pesimista, pero es totalmente falta de visión. ¿Quién puede pasar la vida de esta manera? ... Prácticamente asumiendo que no existirá un futuro por el cual preocuparse. Puede que sea divertido vivir la vida al máximo mientras se pueda, pero ¿valdrá la pena cuando usted tenga 65 años, problemas de salud, un trabajo que empeora estos problemas y no le paga bien, y usted no tenga otra opción más que aguantarse?

Yo no pienso que valga la pena. Prefiero divertirme moderadamente por ahora y asegurarme que mi futuro, el de mi familia y mi vejez, no sean un infierno. Con un poco de calculación puedo hacer que mi futuro sea una vacación de placer permanente.

¿Cómo puede el simple hecho de ahorrar ayudarle a lograr algo que parece tan grande? Empecemos por las siguientes razones:

1 – *Ahorrar le permite construir un colchón en el que usted puede caer cuando problemas financieros ataquen.*

Ahorros pueden evitar que usted pierda su casa si se queda sin empleo por un tiempo prolongado, pueden permitirle atender problemas de salud personales o de un ser querido, pueden ayudarle a mantener un buen puntaje de crédito, en pocas palabras, le pueden sacar de una gran cantidad de apuros y evitar que le cueste más de lo que debe.

2 – *El hábito de ahorrar le da la disciplina y habilidad necesaria para empezar a hacer movimientos mas sofisticados.*
El hábito de ahorrar le permite quedarse con lo que es suyo, le ayuda a combatir y eliminar el enemigo del ahorro: el despilfarro, el gastón que vive dentro de todos nosotros, el responsable por todas las cosas tontas que compramos por simple capricho. Por ley, usted no puede ahorrar y malgastar a la misma vez.

3 – *Riquezas es lo que usted tiene, no cuanto gana.*

Probablemente una de las malas interpretaciones más grandes que yo he encontrado en el mundo financiero es esta: Riquezas significa que alguien gana mucho.

Esto es un error, he conocido a gente que gana cantidades enormes de dinero, pero que viven con más estrés que alguien con un simple ingreso modesto.

Muchas veces estas personas ganan tanto dinero que les es fácil comprar una casa enorme, todos los juguetes que siempre han querido: un Mercedes-Benz ultimo modelo, un bote, etc. Cuando se vienen a dar cuenta, se han metido en tanta deuda que deben hasta los ojos.

Esta gente no es rica, simplemente han prestado cosas bonitas con la esperanza de poder pagarlas algún día. ¿Cualquiera puede hacer esto no? Otra vez repito, estas personas no son ricas. ¿Por qué digo que no son ricas si definitivamente viven mejor que otros? Porque frecuentemente estas cosas no les pertenecen, si las pierden ¿Con que quedan? Con nada. No se necesita unos ingresos enormes para endeudarse hasta el cuello.

Quiero aclarar algo, que todas las personas que tienen este estilo de vida no son iguales. Hay muchas personas que han sido inteligentes y han sabido *ahorrar* para lograrlo, estas personas en verdad poseen todo lo que tienen. Lo divertido es preguntarles como lo consiguieron, ya se dará cuenta que muchos de ellos lo hicieron con paciencia, con mucho cuidado y poco a poco, muchos de ellos sin entrar en deudas.

Otra vez recuerde: Las riquezas están relacionadas directamente con cuanto tiene, no cuanto gana. Usted puede ganar mucho y aun así no tener nada. No se confunda, entre estas dos cosas.

Entonces ¿Por qué es el ahorrar tan importante? Por que si no se queda con parte de lo que gana, usted nunca será rico, simplemente será alguien con demasiados juguetes que no usa.

¿De que le sirve tener un auto ultimo modelo, bote y motos, si su cuenta de banco solo tiene $150 hasta que le paguen la otra semana? Ni siquiera para la gasolina de sus juguetes.

4 – *El ahorrar también le da la habilidad de encontrar dinero, la cual le puede ayudar a acumular su fortuna.*

¡Si! El ahorrar le fuerza a encontrar dinero extra, ya sea antes o mientras gasta. Cuando usted ahorra antes de hacer sus gastos, usted se dará cuenta que al final, ese dinero no le hizo falta. Siempre le alcanzó para todo lo que necesitaba. Es un fenómeno muy interesante, y no es coincidencia. Le invito a probar por seis meses y vera como mes a mes, usted tuvo suficiente dinero para sus necesidades. La única diferencia es que ahora usted *tiene* algo como prueba.

Cuando usted esta decidido a ahorrar, aun cuando es después que ha empezado a gastar en sus necesidades, usted hará todo lo posible por asegurarse de tener suficiente para guardar algo en el banco. Este es dinero que de otra manera hubiera sido gastado, es dinero que otras personas gastan y luego se preguntan: ¿A dónde se fue el resto de mi cheque? Por eso digo que este es como dinero que usted encuentra.

5 - *La disciplina de ahorrar periódicamente le puede ayudar a asegurar su futuro.*

La recomendación usual de la industria es que usted tenga entre 3 a 6 meses de todos sus gastos ahorrados en el banco antes de considerarse seguro financieramente y antes de considerar una inversión grande, con la única posible excepción siendo una casa - ya que después de todo usted necesita un lugar donde vivir, solo asegúrese de no comprar mas casa de las que puede mantener.

Una vez usted ha logrado acumular esta reserva financiera, usted puede empezar a considerar otras opciones en las cuales su dinero reciba mas intereses. El hábito de ahorrar constantemente le ha dado la disciplina que necesita para explorar nuevos terrenos, como por ejemplo: una cuenta de inversiones con contribuciones mensuales.

Con planes de inversiones mensuales usted puede llegar a acumular grandes cantidades de dinero que le pueden servir para retirarse con un poco mas de comodidad. Lo mejor de todo es que no es caro y no haría nada diferente de lo que ha hecho hasta ahora, simplemente guardando dinero mensualmente en lugar de despilfarrarlo.

Como mencione antes, esto puede ser establecido para que funcione de una manera automática. Así que la próxima vez que alguien le diga que los que ahorran nunca pueden llegar a ser ricos, simplemente sonría e ignórelos. Nuestro Rastreador Financiero tiene una característica que le ayuda a recordar que ahorre y aun a que invierta, esto le podría ayudar a en su jornada, lo que esto es, es simplemente un pequeña casilla que le pide que escriba la cantidad que va a ahorrar en esa semana.

Si usted puede desarrollar algo como esto, se lo recomiendo, ya que le permitirá ser consistente, pero el mayor beneficio de esto es el hecho que puede ver su progreso, y lo que usted puede ver es más real. Con esto usted lograra conseguir motivación extra para seguir.

Otras Ventajas de Ahorrar

Hay muchas otras ventajas del ahorro, las cuales nadie reconoce o talvez nadie toma el tiempo para pensar en ellas. Estas pueden tener un efecto más grande de lo que se imagina en su vida. Aunque es difícil mencionar cada ventaja que existe, la siguiente reflexión hace un buen trabajo en mencionar muchas de ellas:

Ahorre y Camine Erguido.

Sus ahorros, créalo o no, afectan la manera en la que se para, la manera en que camina, el tono de su voz...en corto, su bienestar físico y autoestima. Un hombre sin ahorros siempre esta corriendo. No le queda de otra. El debe tomar el primer trabajo que le ofrecen, o casi así. El se sienta nerviosamente en la silla de la vida porque la mínima emergencia lo pone a la misericordia de otros.

Sin ahorros, un hombre debe ser agradecido. Gratitud es una cosa buena, en lo apropiado. Pero tener vivir en un estado de gratitud constante es algo horrible. Un hombre con ahorros puede caminar erguido; puede tener tiempo para estimar juiciosamente sin ser apresurado por necesidad económica.

Un hombre con ahorros puede darse el lujo de renunciar de trabajo, si sus principios así dictan. Y por esta razón, nunca tendrá que hacerlo. Un hombre que puede darse el lujo de renunciar es mucho más útil y valioso para su compañía, y por eso más promocionable. El puede darse el lujo de darle a la compañía el beneficio de sus opiniones mas sinceras.
Un hombre que siempre esta preocupado por necesidades, tales como comida y renta, no puede darse el lujo de pensar en su carrera en términos de largo plazo.

La habilidad de ahorrar no tiene nada que ver con la talla de su salario. Muchas personas de alto salario, que lo gastan todo, están en una banda sin fin, corriendo como locos por la vida.

El Principal de los Bancarios Americanos, J.P. Morgan, una vez le aconsejó a un novato de la industria: "Saca el desperdicio de tus gastos, y sacarás la presión de tu vida."

*Si no necesita dinero para la universidad, una casa, o para su retiro, entonces ahorre por auto-estima. El estado de sus ahorros si tiene mucho que ver con que tan **ERGUIDO USTED CAMINA.***

Recuerde esta reflexión la próxima vez que piense en dejar de ahorrar.

Retome la religión de la responsabilidad financiera, ese sentimiento de orgullo que disfrutábamos todos cuando sabíamos que no vivíamos de cheque a cheque con acreedores encima de nosotros.

Un Hecho Indiscutible

El ahorrar es una cualidad extremadamente necesaria si quiere llegar a ser rico. Es por eso que se dice "acumular riquezas" no "ganar riquezas" ganar y tener son dos cosas muy diferentes, y solo los que tienen son ricos.

Así que no espere mas y empiece a cultivar el habito, o si ya lo tiene, continúe y trate de expandirlo. Este es el segundo paso en su camino a ser rico.

**Invierta en usted mismo:
Edúquese apropiadamente.**

Invierta en usted mismo: Edúquese.

Día a día, miles y miles – si no cientos de miles – de personas retrazan o abandonan sus sueños por una simple razón: miedo.

Miedo es probablemente el culpable por la muerte de miles de sueños alrededor del mundo diariamente y mas que cualquier otra razón. Miedo paraliza, miedo ayuda a hacer excusas.

¿Recuerda cuando usted era pequeño o pequeña y tenida miedo de la oscuridad? ¿Por qué cree que era? Porque usted no podía ver, por lo tanto usted *no sabía* lo que estaba escondido. Esto no significa que había un monstruo, porque podría haber sido una barra de chocolate, quien sabe. Lo que importa es que usted no sabía, y esta falta de conocimiento le hacia sentirse inseguro(a) y el miedo le paralizaba.

Esto es algo muy normal, todo lo que no sabemos o que no conocemos nos da miedo o por lo menos desconfianza, no es que seamos cobardes, si no que este es un reflejo natural de nuestro cuerpo que nos permite protegernos, nos ayuda a tomar decisiones que nos puede salvar la vida.

Lo que no podemos hacer es dejar que el miedo nos impida vivir o que decida nuestras vidas. Pero, ¿Cómo nos deshacemos del miedo? Encendiendo la luz.

Al encender la luz, se nos hace posible ver nuestro alrededor y nos da seguridad, porque podemos ver si hay peligro o si estamos a salvo. De igual manera, hay formas de encender la luz en situaciones financieras que nos asustan.

La forma mas simple y mas efectiva de encender la luz en sus finanzas o negocios es educándose. El conocimiento es la luz en la oscuridad de la ignorancia y la duda. Usted puede tener todo el miedo del mundo, pero una vez se educa y sabe lo que hacer, el miedo se disipa, dejando en su lugar tranquilidad, satisfacción y confianza.

¿Cuánto tiempo pasa usted educándose en las áreas que quiere triunfar? Esta es una pregunta que debe ser tomada muy en serio, ya que contiene la realidad de su situación. Si usted no esta poniendo nada de su parte, ¿Cómo espera lograr algo?

El gran empresario Dale Carnegie dijo: "La definición de un loco es alguien que hace lo mismo una y otra vez esperando lograr resultados diferentes." No sea usted uno de estos. Si quiere lograr algo mejor, entonces tome los pasos necesarios y aprenda lo que necesita saber.

Como por el momento estamos hablando de finanzas, le aconsejo que empiece a considerar invertir en unos buenos libros para comenzar su educación. La verdad es que usted puede aprender más de lo que cree de un simple libro, no todos son una herramienta de mercadeo. Hay libros que honestamente tratan de enseñar y no tienen ningún otro motivo más que este.

A veces es difícil saber cual libro de cientos y cientos, es un buen libro. Uno que le enseñe, no solo trate de venderle otros servicios. Aquí yo quiero ayudarle a ahorrarse el trabajo de tener que leer uno tras otro para encontrar los que tienen la información que usted busca y que más le puede beneficiar.

Todos los libros que estoy a punto de mencionar y muchos más se encuentran en EstrategiasFinancieras.com, estos se pueden encontrar en la página de inicio más o menos a la mitad, o también puede visitar la página www.estrategiasfinancieras.com/libros.

Mi consejo es que cuando termine de leer este capitulo, usted vaya y ordene uno de estos, es fácil, conveniente y seguro. En el tiempo que le toma recibirlo usted puede terminar de leer este libro y estar mentalmente preparado para el próximo paso.

A continuación mencionare los libros que yo recomiendo y un pequeño resumen cada uno para darle una idea de lo que puede encontrar dentro de ellos. Los libros son:

- **El Hombre más Rico de Babilonia**
- **Secretos de la Mente Millonaria**
- **Papá Rico Papá Pobre**
- **Múltiples Fuentes de Ingreso**

Uno de los primeros libros que yo leí, y fue cuando tuve mi primer trabajo en la industria de las finanzas, es un tesoro escondido llamado: El Hombre más Rico de Babilonia.

Cualquier persona con un poco de sentido común disfrutará este libro por George Clayson. Lo mejor de todo es que este libro usa una historia, una parábola que lo enlaza desde el principio. Esta parábola lo hace sumamente fácil de entender y obviamente muy entretenido. Desde el principio usted se envuelve en la historia y poco a poco va entendiendo los principios que verdaderamente le pueden llevar a asegurar su vida financiera.

Una de las muchas lecciones que este libro enseña es como su fuerza de voluntad le puede ayudar a salir de las pobrezas. En parte de la historia, se cuenta de un esclavo que logra comprar su libertad porque su voluntad le permitió ganar dinero aun cuando en esclavitud.

Este mismo hombre cae en grandes deudas, pero con su voluntad se decide y logra pagarlas para más tarde se convertirse en un hombre sumamente rico. Y así historia por historia de ciudadanos y anécdotas de la gran babilonia se va aprendiendo la base de las finanzas. Más que lección tras lección el estilo de El Hombre más Rico de Babilonia es enseñar con cartas y mensajes que vienen de hombres muy sabios en el arte de hacer y acumular dinero.
Este también es una opción excelente para jóvenes y aun niños, ya que es fácil de entender a cualquier edad.

Secretos de la Mente Millonaria.

No hay duda que para llegar a ser millonario se debe tener la mentalidad correcta. Nadie puede llegar a tener éxito en negocios si piensan como los pobres, por el simple hecho que los millonarios piensan diferente, lo miran todo de un punto diferente y toman decisiones diferentes.

Harv T. Ecker, en su libro "Secretos de la Mente Millonaria" nos enseña esta diferencia y como podemos empezar a aplicarla. Este es probablemente mi nuevo libro favorito, por el simple hecho que me ayudo a deshacerme de todos los pensamientos negativos que a veces plagaban mi mente y me enseñó como remplazarlos y cuales pensamientos poner en su lugar.

Si usted no cree que existe una gran diferencia entre la forma de pensar de los ricos y los pobres, usted tendrá problemas alcanzando el éxito total, puede que lo logre por un tiempo pero no lo lograra en total y permanentemente ya que necesita saber que hacer una vez llegue a ese punto. Los que no tienen la mentalidad correcta, casi siempre terminan cometiendo un gran error el cual les cuesta todo.

La lección mayor de este libro es: Lo invisible crea lo visible, su mente crea lo que le rodea. Tal como un árbol (lo visible) es creado por sus raíces (lo invisible), si usted tiene la mentalidad correcta, esta le ayudara a crear un mundo lleno de abundancia.

Harv T Ecker le da lo que el llama: Archivos de Riqueza, los cuales son básicamente, secretos psicológicos que usted puede usar para crear una vida mejor para usted y para su familia, por medio de la acumulación de riquezas. Por medio del reconocimiento de cómo y cuando usarlos usted puede dejar atrás la mentalidad que le impide lograr el éxito y alcanzar las riquezas que usted merece.

Papá Rico Papá Pobre

Papá Rico Papá pobre fue escrito por Robert Kiyosaki como una propaganda para el juego que el creó llamado: Cashflow.

Lo que talvez el no esperó (o talvez si) es que se convirtiera rápidamente en uno de los Mejores Vendidos en el área financiera de todos los tiempos. Aunque no es sorprendente si lo ha leído alguna vez. Puede que la razón principal de este haya sido el dar propaganda, pero no se puede negar el alto nivel de conocimiento que provee, es más que una simple herramienta de propaganda.

El mensaje principal de Robert Kiyosaki (y es el mismo que yo trato de dar) es: "Eleve su inteligencia financiera."

Su inteligencia financiera es prácticamente su motor, y comprende todo desde como usar su dinero hasta saber donde, porque y todos los riesgos y ventajas de invertir. Véalo de esta forma, si de hacer dinero se trata y usted no lo sabe, usted necesita elevar su inteligencia financiera. En este libro Robert le da muchos ejemplos y consejos de cómo hacerlo.

El comparte historias personales de su juventud, en las cuales el padre de su mejor amigo (papá rico) le tutoría en el tema de cómo llegar a ser rico. Una tras otra, las historias ilustran la importancia pero también la facilidad de la inteligencia financiera, usando ejemplos que son claros y fáciles de entender.

Robert Kiyosaki ha escrito muchos libros, y todos han estado en la lista de Mejores Vendidos, pero Papá Rico Papá Pobre es el mejor de todos y el que mas tiene para ofrecer - créame, yo los he leído todos, y aunque hay un par de otros que si valen la pena, este es el que mas le da por su dinero.

Múltiples Fuentes de Ingresos

¿Es usted alguien simplemente no puede esperar por tener un negocio y lo único que está esperando es la oportunidad o idea correcta?

¡Entonces este libro es para usted! Con múltiples ideas y ejemplos de muchas maneras como usted puede hacer dinero.

Empieza con la bolsa de valores, pasando por Bienes y Raíces hasta y explora muchas otras industrias las cuales usted nunca se imaginaria pero que al mismo tiempo no son tan complicadas.

El tema principal de este libro es: Establezca todas las fuentes de ingresos que pueda para que el estado de la economía no le afecte. ¿Cómo así? Es simple diversificación. Mientras más negocios diferentes usted tiene, es mas difícil que la economía afecte a todos igual.

Por ejemplo: si usted tiene acciones en el mercado y el mercado esta mal, pero si tengo una familia rentando mis propiedades, los ingresos siguen. Sin importar como el mercado está, la gente siempre tendrá necesidad de un lugar donde vivir. Si la economía esta bien, y todas las personas están comprando casas en lugar de rentar, usted puede sentirse tranquilo(a) que sus acciones pueden estar haciendo bien. Aun más, si usted tiene un negocio en el área de reventas y la economía sigue bien, lo más probable es que sus ventas serán fuertes ya que la gente tiene dinero para gastar.

Y así por el estilo usted puede entender como el usar diversificación en sus fuentes de ingresos le puede ayudar a absorber los efectos de una economía mala un poco mejor.

Así que desarrolle múltiples fuentes de ingresos, talvez este libro tenga ideas con las cuales usted se identifique y quizás ya conozca o para la cual usted tenga facilidad, simplemente usted nunca la ha considerado o sabido como convertirla en un negocio.

Tome Acción Ahora

No necesita hacer todo de una vez. Tome el primer paso e invierta en usted mismo, obtenga uno de estos libros, el que usted sienta le beneficiará mas. Hemos discutido libros para conocimiento, mentalidad y técnica y habilidad. Estas áreas son la pista de arranque en negocios y por esto, es necesario que usted se eduque en ellas.

Si lo único que saca es una idea y esta idea le ayuda a abrir su negocio, o esta idea es el eslabón a su habilidad de ganar su primera pequeña fortuna, se puede decir que valió la pena el haber tomado el tiempo para leer y aprender.

Si decide obtener uno de estos libros, espero que no sea mucho pedir que lo haga por medio de www.estrategiasfinancieras.com. Visítenos y encontrara estos libros disponibles.

EstrategiasFinancieras.com no cobra por la información que provee, y la venta de libros a través de amazon.com es una de las pocas formas en la que recibimos un poco de compensación. No es mucho, pero nos permite mantener nuestro sitio web operando y sirviendo la comunidad latina por medio de la educación gratis que proveemos.

Si quiere saber cual yo compraría primero, se lo diré: Secretos de la Mente Millonaria. Este es mi nuevo libro favorito, la manera en que le ayuda cambiar su perspectiva es muy poderosa. Este es con el que yo empezaría si fuera usted, los demás pueden ser la construcción sobre la fundación.

Un Hecho Indiscutible

Todo lo que no sabe, no le sirve absolutamente para nada. Toda la información y educación que no obtenga le puede dañar más que la información que tiene y que talvez se equivoca al usar. Tomar una decisión siempre es mejor que no hacer nada.

Es como la persona que trata de construir su casa con herramientas antiguas y sin los planos necesarios. Puede que eventualmente construya cuatro paredes con un techo, pero la estabilidad y duración de estos será extremadamente débil.

Si solo hubiera tenido un plano y las herramientas adecuadas, su casa habría sido algo completamente estable y duradera.

Salga de Deudas

Salga de Deudas

Es casi gracioso ver este fenómeno, muchas personas aseguran que lograr el éxito financiero esta entre sus metas y que saben la importancia de esta meta en el nivel de felicidad en el que viven o vivirán.

Aun con estas declaraciones, casi todos ellos cometen un acto el cual contradice sus declaraciones y destruye las posibilidades de lograr la libertad financiera. ¿Cuál es este acto?

El acto de acumular deudas. Es muy cierto, el acumular deudas malas – o sea, deudas que no le ayudan a crecer su dinero – es la manera mas fácil de matar toda posibilidad de lograr sus metas financieras.

Cada dólar que usted gaste pagando una deuda es un dólar que usted no puede invertir en su futuro. ¡Es cierto! Para mas detalles puede visitar mi blog MiPotencialFinanciero o valla a http://mipotencialfinanciero.blogspot.com.

En este artículo usted puede ver la diferencia que sus deudas pueden tener en su retiro, no solo en la fecha si no también el nivel de lujo.

La mejor manera de describir las deudas es como una sanguijuela, o muchas sanguijuelas, dependiendo de cuantas deudas tenga. Las sanguijuelas se prenden de su piel e inmediatamente comienzan a chupar la sangre del hospedador.

Una sola sanguijuela puede ser relativamente inofensiva, pero cuando son en cantidades mayores están pueden fácilmente causar la muerte de la victima, drenándole la sangre completamente.

Las deudas, de igual manera, drenan los recursos de su libertad financiera y solo hay una solución a este problema:

SALIR DE DEUDAS INMEDIATAMENTE

¿Cómo lograrlo?
Puede ser más fácil de lo que piensa, talvez no increíblemente rápido, pero si mas fácil y mas rápido. Aquí están un par de estrategias que puede usar para reducir el tiempo que tendrá que hacer esos pagos.

#1- Consolide para bajar intereses.
El problema con las deudas es que usualmente vienen acompañadas de intereses, los cuales constantemente añaden al total. Talvez usted nunca lo ha pensado de esta manera, pero el

interés no duerme, el interés no se enferma, no toma vacaciones ni pide tiempo libre. No necesita descanso y no se aburre. El interés trabaja todo el año, cada mes, cada día y cada segundo de cada hora.

Mientras usted espera para tomar una decisión de si empezar o no, mientras usted está procrastinando el interés está trabajando arduamente, consiguiendo que su deuda crezca.

Ahora que sabe esto, ¿Cuál piensa que es el efecto cuando los intereses son altos?

Es por esto que es importante que usted trate de pagar los intereses más bajos que pueda.

Busque una manera de consolidar sus intereses, ya sea por medio de un préstamo o por medio de una tarjeta de crédito nueva. Usualmente yo no soy alguien que recomiende abrir una nueva cuenta de crédito, especialmente con una tarjeta, pero hay casos y escenarios en los cuales esta es una buena opción. Muchas veces no solo es buena si no que es la única opción.

Si usted lo hace de la manera correcta, usted puede beneficiarse de esta estrategia. Puede no solo ahorrarse bastante si no que hasta bajar sus pagos mínimos lo cual le daría más dinero para matar esa deuda más rápido.

¿Cómo hacerlo correctamente? Me imagine que iba a preguntar eso, por lo mismo aquí esta mi sugerencia:

PRESTAMO DE CONSOLIDACION.

1. Aplique para un préstamo de consolidación.
2. Considere el interés que le quieren cobrar.
3. Considere el pago mensual.
4. Considere el plazo del tiempo que le dan.
5. Considere el total final que pagaría.

Estos puntos deben ser considerados porque son los términos que le proveerán. Usted debe estar alerta de los términos siempre. Los términos son lo más importante en todo trato.

La meta no solo es consolidar su deuda. La meta es pagar la deuda más rápido y a un menor costo.

En el camino usted debe tratar de lograr también los dos siguientes puntos:

1- Bajar su pago mensual.
2- Usar el dinero extra para acelerar los pagos.

Si usted no consigue estos dos puntos pero logra bajar el costo de su deuda, aun es un buen logro.

Si usted consigue solo bajar su pago mensual y no consigue nada mas (no dinero extra, no disminución en el costo total o el tiempo) usted no ha logrado nada mas que seguir endeudado y gastar su tiempo.

TARJETAS DE CREDITO.

El trato es igual que con los prestamos. Considere los mismos puntos y apunte hacia las mismas metas.

Muchas veces las tarjetas de crédito le ofrecen altos intereses en sus compras, pero hay algo que mucha gente no considera.

A menudo, las tarjetas de crédito se enfocan o toman como objetivo consumidores con balances en sus tarjetas, simplemente porque la lógica dice que los que tienen balances son compradores rotativos, o sea que mantienen ese balance constantemente.

La táctica es sencilla. Ofrecen intereses sumamente bajos en la transferencia de estos balances esperando que usted haga el cambio y use la tarjeta de ellos.

Cuando usted hace este cambio, el balance que transfiere es sujeto a un interés diferente del que se cobra en nuevas compras. Allí esta el detalle. Usted puede recibir un interés sumamente bajo (yo lo he visto de hasta 1% en sus transferencias) pero sus nuevas compras tienen un interés de 18%.

Por supuesto que este es bastante alto, pero eso no importa porque usted nunca lo va a usar, ¿correcto? ¿CORRECTO?

Entonces usted toma su tarjeta con interés alto –digamos de 18%- y transfiere el balance a una nueva tarjeta con esta oferta –digamos de 4%- usted esta ahorrando 12% en intereses, siempre y cuando usted sea lo suficientemente disciplinado para no hacer mas compras.

El detalle más importante es USTED. Usted decidirá si esto le conviene, si lo puede hacer y si usted es lo suficientemente determinado para hacer todo de la forma correcta, sin adquirir más deuda en el proceso.

Ahora que sabe más acerca de cómo el interés trabaja y que fuerte trabaja: ¿No cree usted que cortar 12% es un gran logro? Si aun no esta convencido, recuerde esto: Si usted invirtiera dinero en la bolsa de valores, y usted lograra recibir 12% en su inversión cada año, usted duplicaría su dinero cada 6 años.

¿Qué piensa ahora acerca de este 12%? Es probablemente la mejor inversión que ha hecho hasta hoy. Al lograr una estrategia como esta es casi como recuperar todo ese dinero que de otra manera usted hubiera pagado.

#2 – ACELERE SUS PAGOS.
Este sistema es muy antiguo pero poco usado, es mas creo que es tan sobreestimado que muchas personas han empezado a olvidarle.

La técnica es simple: Cuando usted termine de pagar una deuda, simplemente añada ese pago a su próxima deuda hasta que termine de pagarla. Cuando termine de pagar esa deuda, añada el total de esos dos pagos a su próxima deuda. Muy pronto usted tendrá una gran cantidad de dinero atacando cada deuda.

El uso responsable de estas estrategias le puede ayudar a ahorrar hasta años en sus deudas. Como he mencionado antes, la decisión final de lo que debe hacer y como lo debe hacer es suya. Estudie su situación, mida toda consecuencia posible, tome una decisión y adhiérase a ella hasta que triunfe.

Protección importante

Compre protección, por usted y su familia.

Esta parte será corta, pero solo por que es importante. Toda estrategia financiera entera consiste de tres partes: protección, acumulación y conservación. Protección es la base que le traerá paz mental en sus esfuerzos de acumulación.

Si usted no tiene un seguro de vida, es hora que empiece a comparar precios para comprar uno. ¿Alguna vez se ha preguntado que pasara con su familia 6 meses, o 12 meses o 2 años después si usted ya no puede proveer para ellos?

La realidad es que usted no sabe cuando una tragedia sucederá, usted podría faltar en un abrir y cerrar de ojos. Cuando esto pasa su familia queda a la misericordia de las circunstancias. Su pareja se encuentra repentinamente a cargo de la familia completamente solo o sola, completamente responsable por proveer para la familia absolutamente solo o sola y todo esto mientras tratan de lidiar con el dolor.

Esto es sumamente difícil, yo lo se por experiencia propia. Yo vi a mi madre convertirse en la proveedora de nuestra familia cuando mi padre calló victima del cáncer. Fue extremadamente difícil para nosotros en toda manera posible.

Mi madre tuvo que trabajar tiempo completo y mas después de haber sido ama de casa por casi 18 años en un país en el cual ella no conocía el lenguaje completamente. Mi familia tuvo que conformarse con muchos sacrificios y una vida bastante limitada por mucho tiempo después de su muerte.

Desafortunadamente mi padre no tenia un seguro adecuado (debido a causas fuera de su control) y aunque el siempre nos dio todo lo que necesitábamos y mas, cuando el falleció, la cobertura no fue lo suficiente para ayudarnos a salir adelante. Fue muy difícil recuperarnos, tomo muchos años.

Es mas, tomó mas tiempo recuperarnos financieramente que emocionalmente – lo cual es otra tragedia en si, ya que nuestra situación era tal que no podíamos darnos el lujo de desahogarnos apropiadamente.

¿Es esto lo que usted quiere para su familia? Por supuesto que no. Yo se que usted quiere que su familia quede en buenas condiciones si algo le pasa a usted, yo se que usted no quiere que a sus hijos les falte nada, o que vivan deseando pequeños gustos simplemente por que no hay suficiente dinero.

Con tantas opciones hoy en día, no hay razón por la cual usted no pueda pagar por un buen seguro de vida, o seguro de accidentes. Yo recomiendo los dos, si usted trabaja en una compañía con bastantes empleados, los costos de estos pueden ser sumamente bajos.

Encima de esto, usted puede consultar agentes que le pueden vender pólizas adicionales por la cantidad de dinero que usted desea hasta que usted sienta que esta dejando suficiente dinero para su familia.

Hay muchos tipos de seguros, yo prometí que este capitulo seria corto, así que no entrare en detalles, pero si mencionare los más comunes para que tenga una idea y pueda decidir que es lo que quiere hacer.

Usted puede comprar un seguro de término o temporal (Term Insurance) o un seguro de vida entero (Wholelife Insurance).

Seguro por Término: Es exactamente eso, un seguro que le provee cobertura por un término determinado. Usualmente en incrementos de 5 años, por ejemplo, usted puede comprar un seguro que le dure 5, 10, 15 años, etc.

Algo que hace este tipo de seguro muy atractivo, es el hecho que su costo es muy bajo. Dependiendo de su salud, edad y estilo de vida, usted puede comprar cientos de miles de dólares en seguro por menos de $100 al mes.

La desventaja es que este es similar a su seguro de automóvil. Usted paga y paga, pero cuando su término se acaba, ellos le dan las gracias, talvez la mano y los dos (usted y ellos) se van cada uno por su propio camino.

En otras palabras, la única manera de beneficiarse de tal seguro es muriendo, lo cual ninguno de nosotros considera una buena idea – por lo menos eso espero.

Otra desventaja es que si usted no ha muerto y el termino por el cual usted hizo su contrato llega a su fin, usted puede renovar su contrato pero a un nuevo y más alto precio. La razón es obvia, ahora usted está más adelantado en su edad y por lo tanto más propenso a fallecer.

Seguro de Termino es usado mucho por personas de negocio, por el hecho que estas personas usualmente tienen muchas responsabilidades que tendrían que ser cubiertas si ellos llegaran a faltar. Con un seguro de vida entero, el costo seria sumamente alto, por lo tanto un seguro de término es perfecto. Es prácticamente así: En 10 años, mi negocio estará establecido y fuerte y mi situación financiera será más que suficiente para proteger a mi familia en cualquier situación, pero si algo me pasa antes de eso, necesito saber que todas mis responsabilidades quedaran saldadas.

Otra razón para tener un seguro de vida por término, es la simpleza: usted paga tanto, y si fallece ellos le pagan tanto.

Seguro de Vida Permanente: Este seguro es casi completamente lo opuesto del seguro de término. No se puede comprar por términos, usualmente tiene un periodo básico que le lleva alrededor del tiempo de su retiro, a veces después y a veces antes.

El costo es mas alto, pero al contrario del seguro de termino, si usted aun vive al final del termino (cuando su póliza madura), usted ha acumulado lo que se llama Cash Value (Valor en Cash).

Si alguien me pregunta, esta póliza es para aquellos que planean en no morir. ¿Por qué? Porque si usted no muere, usted logra colectar algo al final del termino. Con un seguro temporal (por termino) usted no recibe nada, pero si usted sabe que su riesgo de morir es mas bajo que los demás – ya sea por su estilo de vida, hábitos de conducir, etc. – usted sabe que al final de 40 años hay una gran probabilidad que todavía este vivo(a) y que usted quiera colectar algo por todo el tiempo que pagó su cuota.

Piense en esta póliza como una cuenta de ahorros mezclada con los beneficios de un seguro de vida.

Aun entre este tipo de seguro hay muchas otras formas de seguros, muchas opciones dependiendo de lo que usted quiere lograr.

Hay pólizas que son solo para ahorrar, pólizas para ahorrar ganando un poco de interés, y otras pólizas que le permiten invertir al mismo tiempo. Por supuesto que la diferencia entre estas puede ser muy grande, pero lo importante es que le ofrecen la opción de perseguir sus metas mientras que al mismo tiempo usted provee protección si algo llegara a sucederle.

Una de las pólizas más beneficiosas actualmente, es la llamada IUL (Index Universal Life). El punto mas atractivo de esta póliza, es que le permite comprar protección, ahorrar, invertir y protegerle contra la pérdida de su dinero, todo en un solo paquete.

La compañía le cobra su cuota mensual, lo cual se va a la póliza de seguro, luego, todo lo extra que usted mande se invertirá en la bolsa de valores. Si todo va bien, su dinero crece con las tarifas del mercado, o lo que usted decida con su agente. Si los tiempos están mal y el mercado empieza a perder, la compañía le protege para que usted no pierda sus ganancias. No es raro encontrar una compañía que le garantice un 1% de ganancias aun cuando el mercado marca en lo negativo.

Esto es el contrario de una inversión común en la cual usted puede perderlo todo, ganancias y principal. Así que es una opción muy atractiva, pero no es la única ni tampoco la más adecuada para todo el mundo. Las necesidades de todos son diferentes y las situaciones de todos varían. Solo usted y su agente – espero que sea alguien de confianza – pueden decidir lo que mas le conviene.

Lo que si se aplica a todos es lo siguiente: usted necesita protegerse, proteger a su familia y quien sea que dependa de usted. Si usted llega a faltar, un seguro de vida puede ser la diferencia entre sobrevivir y la miseria para sus seres queridos.

Si usted cree no tener dinero para comprar aunque sea una póliza de término barata, le recomiendo comprar el rastreador para que pueda reconocer de donde puede sacar unos $10 - $20. Esta cantidad le puede comprar una cobertura más grande de lo que usted piensa. Recuerde que cuando usted se va, los que quedan aquí siguen y lo peor que les puede hacer es heredarles problemas financieros encima de los sufrimientos emocionales.

Libres de Impuestos

Otra ventaja de seguros de vida, es que aquí en los Estados Unidos, estos pueden ser usados como protección contra impuestos. En otras palabras, usted puede usarle para ahorrar sin tener que deberle impuestos a nadie más tarde. Esto es una gran ventaja, especialmente si usted esta contando con proveer su propio retiro y no esta contando con ningún otro tipo de pensión del gobierno o empresa privada.

La diferencia entre ahorros con impuestos y sin impuestos puede ser de cientos de miles de dólares. El crecimiento no es interrumpido y el retiro de este no es cortado por impuestos del gobierno. Si esto es muy bueno.

Lo mejor de todo es que hoy en día las compañías de seguros han empezado a responder a las necesidades de la industria, o sea, a las necesidades del consumidor – nosotros. Y es por esta misma razón que estas compañías han comenzado a diseñar productos mas atractivos y que hacen lo que nosotros necesitamos que hagan.

Es cierto, algunas compañías han introducido productos que no solo son magníficos si no también han cambiado las maneras en la que se perciben por el público. Hoy en día seguros de vida no solo son para aquellos con familia o los que quieren protegerse contra una tragedia. Tampoco son solo para aquellos que tienen dinero para comprar un seguro de vida permanente.

Es mas, se han creado productos tan diferentes que aunque son mejores, el costo es alcanzable por prácticamente todo el que quiera.

Consiga un agente de confianza, y si puede, asegúrese que sea un amigo o familiar.

Crédito: Su credencial

Crédito: Su credencial.

Si usted piensa que crédito solo le sirve para ahorrar en intereses en su próxima compra, usted se equivoca. Su historial de crédito no es solo para presumirlo, si usted piensa que solo le sirve para tener un buen interés en su tarjeta de crédito, otra vez, usted esta muy equivocado.

Así como su crédito le puede hacer la vida muy difícil, también puede facilitarle muchas opciones las cuales tienen la capacidad de recompensarle muy bien financieramente.

Su crédito le puede facilitar préstamos, servirle como colateral en un asociamiento, y aun mas, calificarle para ese trato de bienes y raíces que ha estado esperando.

Debido a esto usted debe hacer todo lo que está en su poder para tener un marcador de crédito alto, lo mas alto posible.

Esto es lo que usted necesita recordar cuando se trata de construir, mantener y mejorar su crédito. Si usted ya ha cometido errores con su crédito, y estos le están causando dolores de cabeza, le recomiendo que inmediatamente busquen una manera de arreglarlo. Ya sea aprendiendo como hacerlo usted mismo o por medio en ayuda profesional.

El proceso de arreglar su crédito puede ser dominado, toma mucho tiempo y algo de dinero, pero más que todo mucho, mucho tiempo. Si usted tiene el tiempo necesario para invertir en este aprendizaje, pues hágalo, hay muchos lugares donde usted puede comprar la información y la verdad es que vale la pena. Esta es una habilidad muy útil.

Si usted es alguien que se interesa en resultados y reconoce el valor del tiempo, talvez sea mejor que contrate a alguien para que haga este trabajo por usted, después de todo, la experiencia es algo casi invalorable. Recuerde que siempre recibe exactamente por lo que paga, así que no tome sus decisiones basándose en precio nada más.

Regresando a lo que necesita saber para un crédito saludable. Recuerde los siguientes puntos:

-*Pagar a tiempo es importante pero no lo es todo.*
-*Ponga atención a que tan llenas están sus líneas de crédito.*
-*Tenga cuidado con cuantas líneas de crédito usted tiene.*

Pagar a tiempo es importante pero no lo es todo.

Muchas personas piensan que lo único que importa para tener un buen crédito, es pagar a tiempo. Esto esta muy lejos de la verdad. Si, el pagar a tiempo es muy importante, pero si eso es lo único en lo que se fija, usted recibirá una sorpresa desagradable.

Ponga atención a que tan llenas están sus líneas de crédito.

Puede que usted haga todos sus pagos a tiempo, pero si sus tarjetas y líneas de crédito están al máximo, su marcador será afectado de una forma negativa ya que o único que los acreedores ven – o como ellos lo interpretan – es que usted no sabe controlar su crédito y por lo tanto lo tiene hasta el tope. Esto puede bajar su marcador considerablemente.

Tenga cuidado con cuantas líneas de crédito usted tiene.

¿Cuántas líneas de crédito tiene usted? ¿Cuántas tarjetas de crédito? Otra vez, si usted tiene 8, 9 o 10 líneas de crédito abiertas, su marcador de crédito puede sufrir. Lo recomendado es tener no más de 3 o 4 incluyendo su hipoteca. Así que si tiene una hipoteca y dos prestamos para sus autos, usted solo debería tener una línea mas abierta.

Algo más que usted debe considerar es la frecuencia con la que usted aplica para recibir crédito. Estas peticiones se quedan en su historial por mucho tiempo y dañan su marcador considerablemente dependiendo del numero de peticiones que usted tiene.

Cuide su crédito, su crédito es su credencial, su credibilidad en negocios. Crédito es la nueva llave hacia el éxito financiero. Aunque usted no lo crea, si usted no tiene un buen crédito, llegar a ser rico le va a ser sumamente difícil si no imposible.

Piloto Automático

Plan de Ataque

Ahora que sabe la base una vida financiera saludable y sólida, es hora de planear su próximo movimiento. ¿Cuál va a ser su primer paso? Ya sea algo tan simple como comprar el Rastreador o un movimiento grande como una inversión en bienes y raíces, o comprar acciones, decida que lo hará inmediatamente.

Decida ahora que usted hará algo para lograr sus metas, ya sea hacer una llamada a su consejero de inversiones, o al banco, o abrir su propio sitio web, o desarrollar ese producto que ha tenido en mente por tanto tiempo, etc.

Uno de los peores errores que todos cometemos no es algo que hacemos, si no lo mas bien lo que no hacemos. Siempre ponemos pretextos y excusas con las cuales razonamos porque no podemos, o lo que nos impide tomar este paso hacia nuestras metas y nuestros sueños. Dentro de nuestra cabeza siempre hay una razón por la cual no tomamos acción, siempre es el tiempo, o los recursos, o el miedo – que si me dicen que no, que si no funciona – o simplemente pensamos que va a ser difícil así que comenzar es demasiado doloroso y no vale la pena.
Por supuesto que va a ser difícil, nada en esta vida que valga la pena es fácil de conseguir.

¿Quiere fácil? Entonces no haga nada, eso es fácil, quédese en la situación que está actualmente. El problema con eso es que esto también es doloroso, quedarse en la misma situación es indeseable. Siempre queremos algo mejor para nosotros, para nuestra familia y por eso intentamos superarnos.

Lo único, es que aunque estemos cansados de nuestra situación presente, en el momento que tratamos de mejorar y empezamos a hacer los cambios necesarios, nos damos cuenta que el cambio puede ser difícil y un poco doloroso, así que regresamos a no hacer nada y seguir con nuestras vidas tal y como están. Luego, tiempo después nos encontramos frustrados y furiosos porque no estamos felices en la situación que nos encontramos. Y así va el ciclo de frustración, nunca varia y siempre trae los mismos resultados.

Una vez alguien dijo: "Locura es hacer lo mismo una y otra vez y esperar nuevos resultados." Esto es muy cierto ¿no cree? Si usted suma 1 + 1 una y otra vez y espera algo más que 2, usted puede estar loco. Usted perderá su tiempo y el resultado siempre será el mismo. Es igual con nuestras vidas, las decisiones que tomamos, lo que hacemos, etc. son una formula, esta formula crea o ha creado su situación presente.

Lo que usted ha estado haciendo hasta este momento es el culpable de sus éxitos o de sus frustraciones. Es mas, si usted trata lo suficientemente fuerte, probablemente podrá recordar exactamente la decisión que tomó y desde allí usted puede ver como esa decisión llevó a otra y a otra hasta llegar a su situación presente.

Es así con todo, piense en sus relaciones, si tiene una buena relación usted puede recordar todos los buenos movimientos que ha hecho y como estos le han llevado a una relación saludable. De igual manera con las relaciones que no funcionaron, le aseguro que puede recordar con certeza lo que dijo o lo que hizo, o como reacciono a algo que le hicieron y como esto llevó a un resultado menos deseable.

Su mente y sus acciones son la formula de su destino. Tome una buena decisión, actúe y empiece a mejorar su vida aun más y a tomar control de su destino. Si todavía no sabe que hacer o como empezar y necesita que alguien le guíe, permítame darle 3 opciones:

1- Mejore su administración de ingresos – ya sea con el Rastreador o con su propio método. El Rastreador es fácil y efectivo.

2- Valla a su directorio telefónico o en la Internet ahora mismo, busque y escoja una firma asesora de inversiones donde usted pueda hablar con un consejero que le ayude a comenzar a invertir inmediatamente.

3- Si su crédito, dinero y experiencia se lo permite, empiece a examinar propiedades que se puedan convertir en un buen proyecto para usted, uno que le pueda dejar con ganancias considerables en su bolsillo.

No importa lo que haga, siempre y cuando haga algo. Tony Robbins enseña: "Nunca te levantes después de haber puesto una meta hasta que hayas hecho algo que te acerque a ella."
Esto es muy importante porque le da impulso, inercia.

Si decide empezar con los mas fácil, ¡que bueno!, esto le permite crear ese sentimiento de éxito desde el comienzo. Si decide hacer algo difícil, ¡felicidades!, que bien que quiere un reto. Usted sabe que es lo que mas le conviene, solo asegúrese de tomar ese primer paso.

Pero si decide empezar por algo tan fácil como usar el Rastreador, asegúrese de hacerlo pronto, lo menos difícil es usualmente lo que mas nos demora, ya que menos preciamos su importancia.

Incremente sus Ingresos

Incremente sus Ingresos

¿Qué ha hecho últimamente para incrementar sus ingresos? Esta es una pregunta clara y directa. Si usted esta haciendo tanto dinero que no sabe que hacer con el, probablemente no necesita preocuparse tanto. Pero si esta leyendo este libro, me imagino que no es así. Lo digo con todo respeto y cariño por usted.

Siendo realista, hágase esta pregunta: ¿Cuánto dinero extra me gustaría ganar a la semana, o al mes, a al año?

¿Qué tal le caerían unos $100 extra a la semana? ¿Qué tal $200 mas a la semana? No estaría nada mal, no conozco muchas personas que no lo aceptarían con gusto. Entonces, hay que pensar en como lograrlo.

El problema es que cuando pensamos en abrir un negocio, o ganar dinero extra siempre lo visualizamos como este gran proyecto, pensamos en como le haremos para ganar estos miles de dólares extra y por eso lo percibimos como una tarea tan difícil que se nos hace imposible imaginarnos como lo haremos.

Esto es lo primero que usted debe hacer: reduzca esta visión a porciones mínimas. Mas específicamente, decida cuanto dinero más quiere ganar a la semana o al mes, y haga este numero un número realistico pero no tan fácil.

Por ejemplo si quiere ganar $400 más al mes, esto es $100 más a la semana. ¿Cómo puede usted ganar $100 a la semana? Por supuesto que puede trabajar más, pero esto no es lo aconsejable ya que me imagino que la razón por la cual usted quiere hacer dinero extra, es para no tener que trabajar tanto en su empleo.

Entonces póngase a pensar en como puede lograrlo. Conteste estas preguntas para ayudarse:

¿Tiene usted alguna cualidad que pueda usar para proveer un servicio por el cual pueda cobrar?

_____

_____

_____

_____

¿Qué es algo que le gusta hacer? ¿Le gusta tratar con gente, trabajar con sus manos, las artes, enseñar, etc.?

_____

_____

_____

_____

¿Hay alguna industria que le atraiga en la cual le gustaría involucrarse? Digamos, la salud o las finanzas por ejemplo.

_____

_____

_____

¿Sabe vender?

¿Cuánto tiempo (honestamente) tiene o esta dispuesto a invertir cada semana? ¿Una hora, 5 horas, 10 horas, 20 horas o más?

Estas son preguntas que le pueden ayudar a decidir la mejor ruta que usted puede tomar. Por ejemplo:

Si a usted le gusta tratar con la gente, sabe vender y tiene entre 10 y 20 horas que puede invertir en la semana, talvez le conviene ingresar a una compañía de multinivel o red de mercadeo. Aunque estas compañías tienen mala fama debido a las prácticas inescrupulosas de muchos de sus miembros/distribuidores, estas compañías son una forma muy viable de ganar dinero extra. Toma un poco de trabajo pero la recompensa puede valer la pena ya que los ingresos que recibe pueden ser residuos, lo cual significa que usted sigue recibiendo pagos por el trabajo que hizo una vez.

Lo que nos lleva al siguiente punto.

Tipos de Ingresos y cual buscar.

Hay diferentes tipos de ingresos, pero algunos no son ideales. ¿A que me refiero?

Ingresos lineares – Dinero que recibe a cambio de su tiempo y su trabajo.

Dividendos – Ingresos que recibe de inversiones.

Ingreso residuo – Dinero que le paga una y otra vez por el trabajo que hizo una vez, por ejemplo: derechos por libros vendidos, ventas de su organización multinivel, un agente de seguros recibe comisiones de cada renovación, un escritor recibe residuos por cada libro que vende, o canción que vende, etc., dueños de negocios reciben ganancias, inversionistas reviden dividendos o intereses de sus inversiones, celebridades representantes de un producto o servicio pueden recibir un porcentaje de las ventas totales, inventores reciben ganancias por el uso o ventas de sus invenciones, y mucho mas, estos solo son algunos ejemplos.

Ingresos Lineares

Aunque lo más común y más fácil es tener ingresos lineares (un trabajo), este tipo de ingreso también es el más limitante.

El ingreso linear es un intercambio de tiempo y trabajo por dinero, el problema es que usted solo puede trabajar tanto en un día, solo tiene tanto tiempo en un día, y aun si usted no necesitara dormir, usted solo tiene 24 horas en el día.

De manera que hay un limite al dinero que puede ganar en un día por usted mismo(a).

Otra manera en la cual ingresos lineares son limitantes, es que si usted no esta trabajando, usted no esta ganando; la única forma que usted puede esperar dinero es si usted esta presente laborando personalmente.

Si enfermedad le plaga o la edad dice "ya no mas", su fuente de ingreso se secaría rápidamente. ¿Qué haría entonces?

Ingresos Residuales

Al contrario, ingresos residuales es un flujo de dinero que se construye para que corra aunque usted no esté presente. Estos son ingresos que siguen viniendo mucho tiempo después que el trabajo original se ha hecho, y si usted lo hace correctamente este puede seguir por años después. No solo eso, también estos ingresos pueden seguir creciendo a medida usted trabaja en ellos, en una manera mucho mas rápida que cualquier aumento que un trabajo le pueda ofrecer.

A mi me gusta usar el ejemplo de la industria del multinivel, aunque se que a muchos solo el pensarlo les pone la piel de gallina (esto solo es porque no saben como hacerlo o no tienen la habilidad de trabajar esta industria).
La razón por la cual me gusta usar este ejemplo es porque yo conozco a muchas personas que han reemplazado sus ingresos lineares con ingresos residuales de las ventas en sus organizaciones de multinivel. Así que yo se que si es posible hacerlo.

Por ejemplo: usted encuentra una compañía con un plan de compensación bueno y con productos excelentes los cuales puede mercadear honestamente (muchas veces encontrara compañías con productos mediocres, evite estas por favor).

Usted trabaja por 3 o 5 años promoviendo los productos y la oportunidad, contactando conocidos y haciendo propaganda para encontrar e interesar otros prospectos. Si usted lograra inscribir de 3 a 4 personas al mes y le ayuda a ellos a hacer lo mismo, en 5 años usted puede tener una organización de muchos cientos de personas. Sus ingresos o comisiones por las ventas de todos ellos puede llegar a ser enorme, yo personalmente conozco señoras que ganan en un mes mucho mas que lo que muchos profesionales ganan en un año.

¿Es fácil lograr esto? Por supuesto que no, nada en esta vida que valga la pena es fácil, pero dígame ¿en que otra carrera puede usted trabajar por 5 años y construir una fuente de ingresos que le pagará día tras día, mes tras mes, ya sea que usted trabaje o no? Usted puede ir de vacaciones, regresar 1 mes después y su cheque estará esperándole, feliz de verle.

Como trabajar el Multinivel

No se trata de solo meter gente.
Es esto precisamente lo que le ha dado tan mala fama a este tipo de negocio, lo cual es una lastima ya que este provee gran posición sin mucho riesgo.

Esto es también lo que lleva a muchas personas a perder amistades y hasta alienarse.

El multinivel ofrece la oportunidad de poder entrar en negocios con un mínimo gasto o inversión, con poco compromiso y bajos requerimientos. No hay otro tipo de negocio que sea así, todos los demás necesitan grandes capitales para empezar, todo su tiempo y mucho, mucho trabajo.
Aunque el multinivel también requiere mucho trabajo, usted no necesita renunciar a su trabajo para hacerlo.

Como mencione antes, el error mas grande que usted puede cometer al empezar en esta industria es el de tratar de meter personas sin hacer preguntas y sin compasión. Esto es como cortar la fruta antes de que esté madura.

La verdad es que algunas personas estarán interesadas y otras no, algunas necesitaran un poco de tiempo y otras estarán listas para unirse a usted inmediatamente, otras simplemente no tienen los recursos mientras que otras tienen todo lo necesario para ser exitosas.

Su trabajo es calificarlas, tener paciencia y ser un buen líder para aquellas que quieran seguirle y para aquellas que solo necesitan un poco de tiempo antes de tomar una decisión.

No se trata solo del negocio.
No se trata solo de hacer dinero, y mucho menos de hacer dinero rápido. No solo se trata de trabajar el negocio, se trata de ayudar a otros. Este es un negocio de personas ayudando personas. Si usted se preocupa nada mas de hacer dinero, el dinero vendrá, pero se ira con la misma velocidad.

No solo se trata de hacer cualquier negocio que le pongan enfrente, si no de encontrar el que más matice sus habilidades. De encontrar lo que más iguale sus gustos, cualidades, metas, etc.

Por ejemplo, si usted no entiende tecnología muy bien, entonces una compañía basada en productos tecnológicos talvez no sea la mejor para usted.

Talvez usted es muy hábil o tiene experiencia en el área de salud, entonces ¿porque no buscar una compañía en esta industria? Esto aumentaría sus posibilidades de tener éxito. La curva de aprendizaje se hace más pequeña y usted puede usar la pasión por el tema como extra combustible para asegurarse que su fuego nunca se apague.

Lo ultimo que puedo aconsejarle es que venda la experiencia/beneficios del producto primero, luego las ventas llegaran y los distribuidores seguirán. Conviértase en un producto del producto, desarrolle su propio testimonio.

Si usted ayuda a sus contactos a lograr lo mismo, usted nunca tendrá que matarse para convencer a alguien a que ingrese a la compañía, ni preocuparse si ellos harán una orden o no. Cuando usted les ayude no solo a ver el valor pero a experimentarlo, ellos no querrán vivir sin el producto.

Si se pregunta por que yo puedo dar estos consejos, esta es mi respuesta: Mi experiencia en esta industria consiste en muchos años de trabajo para una compañía de multinivel al nivel corporativo. He trabajado desde las líneas de Servicio al Cliente, a Gerente Regional de Cuentas hasta Desarrollo de Negocios. He ayudado mucha gente a lograr el éxito y he aprendido con ellos y de ellos lo que funciona y lo que no.

Hay muchas formas de ganar ingresos residuos, cualquiera que sea la que usted escoja, asegúrese de darle un buen intento antes de darse por vencido, nada en esta vida es fácil si vale la pena, nada es regalado si tiene un valor extraordinario.

No Olvidemos el Punto del Tema

El punto del tema era este: ¡Incremente sus ingresos ahora!

Si necesita un trabajo extra, consígalo. Si quiere empezar un negocio, hágalo. Si no tiene las habilidades o el conocimiento necesario, consígalo. Usted se sorprenderá cuanto puede aprender de los libros que esperan tan pacientemente en su biblioteca local, pero mas que nada usted no puede perderse las lecciones que solo vienen con la experiencia.

La experiencia mejor que nada o nadie le puede enseñar lecciones invaluables que son específicamente para usted.

No importa el tipo de ingresos con el que quiera empezar, ya sea linear o residual, lo que interesa es que usted empiece a acumular reservas y eventualmente riquezas.

Alcance su Sueño

¿Cuál es su sueño?

Todos tenemos sueños, todos queremos cumplir esos sueños, pero ¿Qué estamos haciendo para lograrlo?

Muchas personas dicen: Mi sueno es tener mi propio negocio, y así poder tener mas libertad, mas dinero, mas para mi familia, etc.

En realidad, esto no es exacto. La descripción del sueño no es correcta, la visión no es tener un negocio. La visión no es la de trabajar aun mas que antes sin la misma seguridad de pago.

El sueño es: tener más libertad, tener más dinero, tener más para darle a nuestras familias.

Entonces: ¿Cuál es su sueño? Decida hoy que es lo que quiere lograr y porque. Estas le darán poder a sus intenciones y combustible cuando este a punto de darse por vencido. Se dice que si usted tiene un "porque", usted encontrará un "como".

Cuando ya haya cumplido esta parte, y ya tenga una visión clara de lo que quiere, es hora de decidir como lo va a lograr.
El tener un negocio no es el sueño y nunca debe ser el sueño, este solo debe ser el

vehiculo que le lleve a lograr esas metas que usted se a propuesto. No es nada más que un medio para realizar su visión y su misión en su vida.

Si usted ha tenido la oportunidad de trabajar su propio negocio, o conoce a alguien que es el dueño de un negocio, usted sabe que hay muchos días largos, mucho estrés, y mucha presión, a pesar que las recompensas valen la pena. Simplemente el tener un negocio no es un sueño de ninguna manera.

Si se toman los pasos correctos, un negocio puede darle la habilidad de hacer lo que usted desee, la clave es tomar los pasos correctos. No es tan difícil de lograr, suena complicado pero es más fácil de lo que se imagina.

Esta charla es tema para otro libro completo, pero de igual manera podemos tocar ciertos puntos, los más importantes para que si usted decide empezar su negocio, pueda empezar de la manera correcta y con muchas más probabilidades a su favor.

Lo que estoy a punto de compartir le parecerá simple, o puede que nunca lo haya oído. De igual manera preste atención, talvez aprenda algo por haberlo escuchado de una manera diferente.

Escoja un Buen Nombre

La importancia de un buen nombre en un negocio es algo que muchas veces se sobrestima. No le damos la importancia que necesita. Pensamos que si el nombre es chistoso o moderno que eso es todo lo que importa y este le dará al negocio un buen comienzo.

El nombre de su negocio le da una identidad a su compañía, le da clase y le da la oportunidad de ser memorable en las mentes de sus clientes y prospectos.

Escoja el nombre correcto y sus clientes lo recordaran, escoja el equivocado y su negocio será desconocido e imposible de referir. Cuando se usa el nombre correcto, es mas fácil que sus clientes lo refieran, ya que el nombre siempre esta en la punta de la lengua.

Recuerde estos puntos cuando escoja su nombre:

1 - Trate de usar la industria en el nombre del negocio.
2 - Escoja un nombre corto para que sea fácil de recordar.
3 - Si escoge un nombre largo asegúrese de que tenga el nombre de la industria o servicio

que ofrece: abarrotes, carnicería, contador, etc. No tiene nada que esconder.

4 – No use nombres tan comunes para que no termine usando el mismo que otros 10 negocios. Hay que diferenciarse de la competición.

5 – Use palabras que proyecten clase y profesionalismo.

6 – Si quiere usar palabras más comunes, asegúrese que no se le pase la mano. No vaya a terminar con un nombre que de una impresión de alguien sin clase o terminar perdiendo la confianza de sus prospectos.

7 – Use a sus conocidos y pida opiniones honestas. Comparta dos o tres opciones y deje que ellos compartan lo que piensan.

Registre su Negocio Apropiadamente.

Puede que estemos tentados a simplemente establecer nuestro negocio, abrir las puertas y empezar a sacar ganancias.

Hay ciertos pasos que tomar y estos le pueden afectar mucho, específicamente en el área de impuestos e identidad. De nuevo, la diferencia entre estos es tema para otro libro entero, así que solo explicare levemente lo que cada opción significa.

Las identidades de negocio mas comunes son LLC – (Compañía de Responsabilidades Limitadas), y las Corporaciones. Tocare sobre estas:

LLC – Es usualmente una mejor opción para negocios con un solo dueño. Este tipo de identidad de negocio le provee con cierta protección ya que provee un límite a los riesgos o responsabilidades u obligaciones que usted como dueño puede tener. Por ejemplo: si alguien decide demandarlo, o si el negocio falla y no le queda más que declararse de banca rota. Esta identidad le permite deshacerse de ciertas obligaciones y reclamarlas como resultados del negocio, prácticamente poniendo la responsabilidad en el negocio en lugar de encima de usted.

Corporación – Es una identidad que al crearse, toma en si muchos de los derechos legales que se le dan a una persona, casi como una persona ficticia o virtual. Estas pueden crear acciones – si se siguen las legalidades apropiadas – y esta seria gobernada por los accionistas.

Una corporación también le permite a las personas envueltas en el negocio, el tener un cierto nivel de protección de responsabilidades u obligaciones si algo malo sucede.

Hay ciertos tipos de corporaciones que se pueden hacer, todas son diferentes en el sentido de los privilegios que reciben con los impuestos. Si esto es algo que le interesa, investigue, estudie y pida asesoramiento para decidir cual tipo le conviene más.

Desarrolle un sistema (manual de operaciones)

Me gustaría recomendarle un libro, se llama "E-Myth Revisited" y es uno de los mejores libros en negocios que se ha escrito y que he leído. Consistentemente en la lista de "Mejores Vendidos".

El mensaje principal de este, y el que yo le quiero dar a entender es que usted necesita crear un sistema de funcionamiento para su negocio, para que cualquiera pueda administrarlo ya sea que usted este presente o no.

Si la única persona que sabe como hacer todo es usted: Felicidades, se acaba de regalar una cárcel de trabajo. No solo eso, pero también ha construido una bomba de tiempo destinada a explotar al no mas usted tenga una emergencia.

Puede que a usted no le guste McDonald's o puede que si, no importa, lo que importa es que usted sepa que ellos tienen la formula perfecta de negocios. Contésteme esta pregunta: ¿Cree usted que los ejecutivos de este se preocupan de ver como las hamburguesas se están haciendo? ¡Por supuesto que no! McDonald's tiene el sistema perfecto, cualquiera puede hacerlo, y virtualmente sin falla. Es mas, el sistema es tan perfecto que cualquiera lo puede hacer, usted puede ir a sacar un adolescente de donde usted quiera y en unas cuantas lecciones tenerlo completamente entrenado.

Esto es una llave al éxito. Por eso es que son tan exitosos, por su habilidad de ejecutar consistentemente, no importa a donde usted valla cuando entra a McDonald's y pide una hamburguesa con queso, el mismo sistema que se usa en su ciudad empieza a trabajar en donde usted esta presentemente. Usted sabe que la hamburguesa será la misma y probablemente sabrá igual.

Desarrolle un sistema como este para su negocio y usted habrá creado una maquina de libertad. La pregunta por la cual empezar es: Si yo quisiera abrir otra sucursal en otra ciudad, ¿como puedo crear los resultados que quiero sin tener que estar presente allí también? ¿Cómo puedo organizar lo que hago para que sea fácil de implementar?

Logre esto y su negocio será un triunfo por que cumplirá con la función por la cual se creó: Su sueño de libertad.

Aprenda a vender

Aunque ya lo mencioné antes, vale la pena y quiero reiterar la importancia de esta habilidad, esta cualidad, ya que puede ser la diferencia entre el éxito o el fracaso.

¿Por qué es tan importante? Porque cuando usted aprende a reconocer como sus clientes piensan, lo que los motiva, y lo que los ofende. También usted aprende como ayudarles en el proceso de tomar una decisión.

El saber vender no solo significa como vender producto de persona a persona. El arte de vender también incluye el arte de saber mercadear su negocio, el saber como decirle al mundo que su negocio existe y que esta abierto al publico. Yo siempre he considerado ventas y mercadeo como una relación simbiótica, o sea, que el uno necesita al otro para funcionar apropiadamente.

Por ejemplo, si usted es alguien muy bueno para persuadir a clientes potenciales pero si no tiene manera de que estos prospectos le encuentren, sus habilidades no le sirven para mucho. De igual manera, si usted sabe la mejor forma de traer nuevos visitantes a su negocio, pero una vez ellos están allí usted no sabe que hacer ni decir, se encuentra en el mismo dilema, ¿no es así?

Por eso, le recomendamos que aprenda a vender, hay muchos libros que le pueden enseñar las técnicas y la psicología de las ventas y mercadeo. Este tema es muy amplio y complejo, es algo que yo continuo estudiando aun después de muchos años de experiencia, el material es extenso. Probablemente uno de los mejores libros para empezar es por Tom Hopkins, Como Amaestrar el Arte de Vender, una excelente fuente de recursos para el principiante y el experimentado.

La serie de libros Marketing de Guerrilla (aunque una muy mala traducción e interpretación) es una serie que ha tenido mucho éxito, explicando los secretos de una buena campaña de mercadeo y enseñando los pasos correctos, este libro ha vendido mas de 20 millones de copias alrededor del mundo.

Seth Godin es otro autor que ha escrito muchos libros acerca de mercadeo desde un puesto diferente. Mi favorito, Unleash the Idea Virus (Libera el Virus de la Idea) presenta la idea de cómo alguien puede usar el poder de una idea para crear un virus que se pasa de persona en persona sin esfuerzo alguno del creador.

En fin, hay un mundo de recursos en estos temas de venta y mercadeo, como dije antes. Algo me dice que solo se crecerá mas a medida las personas evolucionan y la manera en que son atraídos cambia.

Palabras Finales

Espero que lo que he compartido haya podido motivarle, educarle, despertarle, despertar su curiosidad, despertar su mente, ponerle alerta, darle valor, darle confianza, en fin que mis palabras le ayuden a cambiar y mejorar algo en su vida.

El mundo de finanzas, el éxito y la independencia financiera es muy, muy grande. Es imposible cubrirlo en un solo libro, si no, no existieran tantos miles ellos en el tema. Y si se pudiera, me imagino que seria un libro tan intimidante que nadie se atrevería a empezarlo.

La independencia financiera es más que simplemente hacer dinero, el exceso de dinero no soluciona nada, quizás, muchas veces solo engendra más problemas. Es mas, usted puede ver esto en el simple hecho que no oye de ningún empresario exitoso que diga que el principio de su fortuna fue el Premio Mayor de la lotería.

¿Por qué? Porque usualmente estas personas faltan del conocimiento de cómo conservar y crecer el dinero que les cae del cielo. Así que poco tiempo después están en la misma situación que antes o en una peor. Si usted aprende y amaestra estos consejos, sus posibilidades de hacer dinero y conservarlo aumentaran exponencialmente.

¿Qué hacer ahora? Regale este libro, compártalo con aquellos en quienes usted se interesa. Este es mi regalo para usted, ahora haga lo mismo por alguien más.

Segundo: Decida cual va a ser su primer paso al cambio masivo, el que le llevará al éxito - sea cual sea su definición.

Le deseo mucha suerte, y si este libro le ayuda en cualquier etapa de su vida, no dude en compartir su historia conmigo, escríbame a comoganar@estrategiasfinancieras.com, me encantaría poder oírla.

Le deseo éxito en su vida.

www.ingramcontent.com/pod-product-compliance
Lightning Source LLC
Chambersburg PA
CBHW071239170526
45165CB00003B/1163